AF595206

DECLARATION DV ROY,

PORTANT QVE LES especes d'or ne seront exposées que pour le prix de leur iuste poids.

Leuë, publiée, & registrée en la Cour des Monnoyes le 18. Nouembre 1639.

A PARIS,
Chez SEBASTIEN CRAMOISY, Imprimeur ordinaire du Roy, & de la Cour des Monnoyes, ruë S. Iacques, aux Cicognes.

M. DC. XXXIX.
Auec Priuilege de sa Majesté.

DECLARATION DV ROY portant que les especes d'or ne seront exposées que pour le prix de leur iuste poids.

LOVIS par la grace de Dieu Roy de France & de Nauarre. A tous ceux qui ces presentes Lettres verront, Salut. Le reglement du titre, prix, & exposition des Monnoyes estant vne des plus importantes affaires des Estats, Nous y auons toujours apporté l'ordre conuenable auec vn soin tres-particulier, soit pour celles qui sont fabriquées à nos Coins & Armes, ſoit pour celles des Eſtrangers, & par noſtre Edict du mois de Mars mil ſix cents trente-ſix ayant augmenté le prix des Monnoyes, meſme des eſtrangeres, Nous auons en ſuitte recognu que les meilleures Monnoyes de France ſe tranſportoient hors de noſtre Royaume, & que les eſtrangeres y prenoient cours en plus grande abondance; ce qui nous a obligez à moderer & regler le prix de toutes eſpeces par nos Lettres de Declaration du mois de Iuin audit an mil ſix cents trente-ſix, & à faire dreſſer vn Cayer où elles ont eſté figurées, auec le prix & le poids pour lequel elles deuoient auoir cours. En ſuitte dequoy ladite Declaration & Cayer ayant eſté enregiſtrés en noſtre Cour des Monnoyes, & publiez par tout nostre Royaume, il sembloit qu'il ne deust arriuer aucune alteration au poids, ny au prix des monnoyes. Neantmoins sous pretexte d'vn Arrest de nostre Conseil du vingt-neufiéme Mars audit an mil six cents trente-six, interuenu sur quelques difficultez qui se rencontroient alors és grands payements, & pour la commodité des Comptables, & autres qui faisoient le maniement de nos deniers, par lequel il auoit esté ordonné pour raison du poids desdites especes fabriquées tant à nos Coins qu'à ceux des Estrangers, qu'il en seroit vsé ainsi qu'auant nostredit Edict, bien que cest Arrest ne deust preiudicier à ladite Declaration qui estoit posterieure, les especes ont eu cours sans estre pesées, & à cause de ce ont esté alterées & rongnées de telle ſorte, que la plus grande partie d'icelles, & notamment celles d'or, ne ſont du poids des trois quarts, ou de la moitié d'iceluy porté par noſtredit Edict & Declaration. Et conſiderant qu'il en arriueroit vne grande diminution au prix & eſtimation de tous les biens du public, & des particuliers de noſtredit Royaume, & vne ruine entiere au Commerce, s'il n'y eſtoit promptement pourueu. A CES CAVSES, Sçauoir faiſons que ayans fait mettre cette affaire en deliberation en noſtre Conſeil, où eſtoient noſtre tres-cher & tres-amé Frere le Duc d'Orleans, pluſieurs Princes & Officiers de noſtre Couronne, & autres notables Perſonnages. DE L'ADVIS de noſtredit Conſeil, &

de nostre certaine science, pleine puissance, & auctorité Royale, Nous auons dit, declaré, & ordonné, disons, declarons & ordonnons par ces presentes signées de nostre main, Voulons & nous plaist, que d'oresnauant à commencer du iour de la publication des presentes, toutes les especes d'or declarées, & dont les figures sont empreintes dans le Cayer attaché à nostredite Declaration du vingt-cinquiéme Iuin mil six cents trente-six, dont Copie est cy attachée sous le Contreseel de nostre Chancellerie, seront exposées & auront cours par tout nostre Royaume, Païs, Terres & Seigneuries de nostre obeïssance, pour le prix porté par nostredite Declaration & Cayer, pourueu qu'elles soient du poids y declaré : Et que toutes lesdites especes d'or qui se trouueront de moindre poids que celuy porté par ladite Declaration & Cayer, n'auront cours & ne seront exposées que pour la iuste valeur de ce qu'elles peseront, à raison d'vn sol & sept deniers pour chacun grain d'or, dont la Pistole d'Espagne de poids doit peser six vingts six pour valoir dix liures, & ainsi pour toutes autres especes d'or à proportion du poids reglé au dessus de chacune figure desdites especes par ladite Declaration. FAISANT defenses à toutes personnes, de quelque qualité & condition qu'elles soient, de les exposer, ny receuoir à plus haut prix que celuy de leur iuste poids, à peine aux contreuenans pour la pre-

premiere fois de cinq cens liures d'amende, & de confiſcation des eſpeces, & pour la ſeconde de banniſſemẽt; & où ils ſeroient trouuez recidiuer, de punition corporelle: le tiers de l'amende & confiſcation applicable au denonciateur. Reuoquant entant que beſoin eſt ledit Arreſt du vingt-neufieſme Mars mil ſix cens trente-ſix. SI DONNONS en mandement à nos amez & feaux les Gens tenans noſtre Cour des Monnoyes à Paris, que ces preſentes ils faſſent lire, publier, & enregiſtrer, & le contenu en icelles garder & obſeruer exactement, ſans qu'il y ſoit contreuenu en aucune maniere. ENIOIGNONS à tous Baillifs, Seneſchaux, Preuoſts, leurs Lieutenans, & autres nos Officiers qu'il appartiendra, de tenir la main à l'execution des presentes, à peine d'en répõdre en leur propre & priué nom : Le tout nonobstant oppositions ou appellations quelconques; desquelles si aucunes interuiennent, nous auons reserué & attribué la connoissance à nostredite Cour des Monnoyes, & icelle interdite à toutes nos autres Cours & Iuges : nonobstant aussi quelconques Edicts, Reglements, Arrests, & Lettres à ce contraires, ausquels & aux derogatoires des derogatoires y contenuës Nous auons derogé & derogeons par cesdites presẽtes. A la copie desquelles deuëment collationnée par l'vn de nos amez & feaux Conseillers & Secretaires foy sera adioustée comme au present Original. Car tel est nôtre plaisir. En tesmoin dequoy

Nous auons fait mettre nostre Seel à cesdites presentes. DONNÉ à sainct Germain en Laye le dix-septiesme iour de Nouembre, l'an de grace mil six cens trente-neuf. Et de nostre Regne le trentiesme. Signé, LOVIS. Et sur le reply, Par le Roy, SVBLET. Et seellé du grand Seel de cire iaune sur double queuë.

EXTRAIT DES REGISTRES de la Cour des Monnoyes.

VEV par la Cour la Declaration du Roy du 17. Nouembre mil six cents trente-neuf, signée LOVIS, & sur le reply, Par le Roy, SVBLET, & seellée de cire iaune du grand Seel sur double queuë. Par laquelle sa Maiesté pour les causes y contenuës auroit ordonné, que d'oresnauant à commencer du iour de la publication d'icelle toutes les especes d'or declarées, & dont les figures sont empreintes en la Declaration de sadite Maiesté du vingt-cinquiéme Iuin mil six cens tré te-six, seront exposées & auront cours par tout son Royaume, Païs, Terres & Seigneuries de son obeyssance, pour le prix porté par ladite Declaration, pourueu qu'elles soient du poids y declaré, & que toutes lesdites especes d'or qui se trouueront de moindre poids que celuy porté par ladite Declaration, n'auront cours, & ne seront exposées que pour la iuste valeur de ce qu'elles peseront, à raison d'vn sol sept deniers pour chacun grain d'or: Auec defenses à toutes personnes de quelque qualité & condition qu'elles soient de les exposer, ny receuoir à plus haut prix que celuy reglé au dessus de chacune figure desdites especes mentionnées en ladite Declaration, à peine aux contreuenans pour la premiere fois de cinq cents liures d'amende, & de confiscation desdites especes, & pour la seconde de bannissement, & où ils seroient trouuez recidiuer, de punition corporelle; le tiers de ladite amende & confiscation applicable au denonciateur. Reuoquant entant que besoin seroit l'Arrest du Conseil de sa Maiesté du vingt-neufiéme Mars mil six cens trente-six. Mandant à ladite Cour faire lire, publier, & registrer ladite Declaration, & le contenu en icelle garder & obseruer exactement, sans qu'il y soit contreuenu en aucune maniere que ce soit. Et à tous Baillifs, Seneschaux, Preuosts, leurs Lieutenants & autres Officiers de sadite Maiesté, tenir la main à l'execution de ladite Declaration, à peine d'en respondre en leurs propres & priuez noms, le tout nonobstant oppositions ou appellations quelconques, desquelles si aucunes interuenoient en a reserué la cognoissance à ladite Cour, & icelle interdite à toutes autres Cours & Iuges. Oüy sur ce le Procureur general du Roy, Tout consideré, LA COVR a ordonné & ordonne, que sur le reply desdites Lettres de Declaration sera mis, qu'elles ont esté leuës & registrées és Registres de ladite Cour, ouy

& ce requerant le Procureur general du Roy en icelle, & qu'elles seront leuës & publiées à son de Trompe & cry public, & affiches mises és Carrefours & lieux publics & accoustumez de cette Ville de Paris, & Copies collationnées par le Greffier de ladite Cour, enuoyées par les Prouinces, tant aux Generaux Prouinciaux des Monnoyes, qu'aux Iuges, Gardes, Baillifs, & Seneschaux, Preuosts, & autres Iuges de ce Royaume, pour estre pareillement leuës & publiées, & tenir la main à l'execution & entretenement du contenu en ladite Declaration, lesquels seront tenus certifier la Cour de leurs diligences au mois. Et neantmoins ordonné, que tres-humbles remonstrances seront faites à sa Majesté, sur l'eualuation portée par ladite Declaration du grain des especes d'or qui ont cours, & qu'apres certain temps limité, elles seront décriées de tout cours & mises, & portées à la Monnoye, pour estre conuerties en especes aux Coins & Armes de sa Majesté, & la iuste valeur renduë. FAIT en la Cour des Monnoyes le dix-huictiéme Nouembre mil six cents trente-neuf.

Signé, DELAISTRE.

Le Vendredy dix-huictiesme iour de Nouembre mil six cens trente-neuf, fut la Declaration du Roy contenuë cy-dessus, suiuant l'Arrest de verification & registrement d'icelle, leuë & publiée à son de Trompe & cry public en la Cour du Palais, ainsi qu'en la Place, au deuant du grand Chastelet de Paris, & au deuant de la Maison & Iurisdiction des Iuges Consuls, comme au deuant de la grande porte de l'Hostel de la Monnoye de cette Ville de Paris, & en trois endroits de la ruë sainct Denis, sçauoir au Carrefour des Fontaines des Saincts Innocens, à la Porte aux Peintres, & proche la Fontaine de la Royne, mesme en la Place de la Croix du Tiroir, Places des Halles, à la porte Baudoyer, au Coin & Place de sainct Paul, au Carrefour sainct Seuerin, & au deuant de la Barriere des Sergens de la Place Maubert, en la presence de nous Nicolas Lambert, & Michel Rebours, Huissiers en la Cour des Monnoyes ſoubs ſignez, par Iean Ioſsier Iuré Crieur & ordinaire en la Ville, Preuoſté, & Vicomté de Paris, aſsiſté d'vn Iuré Trompette, & de deux Commis deſdits Trompettes. Ce que nous certifions veritable. Signé, LAMBERT, *&* REBOVRS.

Collationné aux Originaux par moy Conſeiller & Secretaire du Roy, Maiſon & Couronne de France & de ſes Finances, Greffier en chef de la Cour des Monnoyes.

BIBLIOTH. NATIONALE

www.ingramcontent.com/pod-product-compliance
Lightning Source LLC
LaVergne TN
LVHW050232180726
843501LV00013BB/3765
* 9 7 8 2 3 2 9 6 2 6 3 5 2 *